NON!

IL N'Y A PAS EU
DE
RÉVOLUTION DE JUILLET.

PAMPHLET
Par Claude TILLIER.

PRIX : 50 CENTIMES.

Seconde Édition.

PARIS,

MASGANA, LIBRAIRE-ÉDITEUR,
Galerie de l'Odéon, 12,
Et chez les principaux Marchands de nouveautés.

1847.

NON !

IL N'Y A PAS EU

de

Révolution de Juillet.

———◆◆◆———

Charlatans! ôtez d'ici vos tréteaux! allez représenter vos parades de fête ailleurs!.. Ce ne sont
point des fêtes que vous demandent ces masses af-
famées: c'est du travail ; non ce travail ingrat qui
ne profite qu'à celui qui fournit la brouette et la
pioche, mais le travail qui donne du pain à l'ouvrier. Vous célébrez une révolution !.. mais tout
ce feu que met une révolution au cœur d'un ci-
toyen est-il dans le vôtre?.. Croyez-moi, envoyez
à votre place les acteurs de vos théâtres; ils s'ac-
quitteront mieux que vous de votre rôle: votre
tristesse nous amuse, et vos grimaces d'allégresse
nous font pitié. Vous dites que vous célébrez une

1847

révolution !.. mais, pour célébrer une révolution, il faut tout un peuple ivre d'enthousiasme ; il faut des milliers de voix criant ensemble : VIVE LA LIBERTÉ ! MORT AUX TYRANS ! !.. Quoi ! vous célébrez une révolution ! et si quelqu'un de nous, trompé par votre programme, troublait, par un refrain de *la Marseillaise*, votre petit bruit de fête, vous le feriez arrêter par vos gendarmes.

Vous avez fait, dites-vous, une révolution !.. mais par où donc a-t-elle passé, que nulle part nous n'en voyions la trace ? Un incendie laisse après lui des cendres ; or, les cendres de l'ancien régime, où sont-elles ? Vous avez fait une révolution !.. mais une révolution n'est pas un évènement isolé, un grand fait s'élevant solitaire au milieu de son siècle comme un pic au milieu d'une plaine, un mortier qui ne lance qu'une bombe ; une révolution a des suites, or, les suites de votre révolution, quelles sont-elles ? où est sa vigoureuse et turbulente famille ? Je ne remarque, à la surface de l'Europe, aucun champ de bataille de plus ; *la Marseillaise* dort dans le cercueil de nos pères ; il n'y a point de bruits de canon dans l'écho ; je ne vois pas traîner à l'horizon ces longs nuages de poudre qui suivent la marche des armées ; les

souverains sont tranquilles sur leurs trônes ; les
peuples ne bougent point sous leurs fers, et la
France, vieille cantinière réformée, est assise sur
une escabelle, soignant sa marmite et se tricotant
des chausses. Les rois ont-ils donc coutume de
vivre en bons voisins avec une révolution qui s'é-
tablit auprès d'eux ? Quelle révolution avez-vous
donc faite, qu'ils n'aient pas cherché à faire passer
dessus leurs armées ? Autour d'un volcan qui s'é
lève de la mer, les flots bouillonnent ; encore une
fois, quelle révolution avez-vous donc faite, que
l'Europe soit restée froide à son contact ?

Vous vous vantez d'avoir fait un révolution !...
mais voyez donc qui vous êtes ! avec vos barbes
de toutes sortes vous ne savez que rouler des bal-
lots et mesurer des étoffes. Non, si une révolution
avait éclaté en France, ce n'est point vous, ce seraient vos femmes qui l'auraient faite : leur que-
nouille est plus lourde que votre épée.

Vous dites que vous avez fait une révolution !...
Mais, une révolution, croyez-vous que nous ne
sachions pas ce que c'est ? que nous prendrons la
fumée de votre chiffon mouillé pour un incendie ? Nos pères aussi ont fait une révolution, et
cette révolution tressaille encore dans nos cœurs.

Chez eux, la montagne n'est pas accouchée d'une fourmi, la lionne d'un petit chien ; mais la France a failli périr dans ce grand enfantement ; mais eux, nos pères, ils ont écrit leur nom sur d'immortels champs de bataille ; de leurs fers brisés, ils ont fait une colonne plus haute que toutes celles que les rois et les empereurs ont élevées : tous, soldats ou citoyens, ils étaient des hommes extraordinaires, chacun dans les limites de son existence. Autour d'eux, ils ont tout réformé ; ils ont arraché la surface de la vieille France, et ils ont mis à la place un sol nouveau. Les lâches ne venaient point tendre la main à leur révolution pour avoir de l'argent et du galon, car elle ne leur eût donné qu'une épée ; et quand les traîtres voulaient la faire reculer, elle faisait un pas en avant et les écrasait. Si on a des crimes à reprocher à nos pères, ces crimes n'étaient que l'excès de leurs vertus. Ils ont fait couler à flots leur sang et celui des autres ; mais c'est sur cette couche de sang calciné que vous avez élevé vos monuments, que vous avez planté vos institutions, arbustes malades dont vous arrachez les branches à mesure qu'elles poussent. Si vous avez encore quelque reste d'éclat, c'est que vous êtes la queue refroidie de cette flamboyante comète qui a tant rayonné sur le monde.

Et c'est le peuple qui a fait cette révolution !... Mais ce peuple où est-il ? qu'est-il devenu ? Je ne le rencontre ni dans la chambre des députés, ni dans la chambre des pairs, ni dans les conseils généraux, ni dans les conseils d'arrondissement ; il n'a pas même quelques chaises dans les conseils de commune ! Où se cache-t-il donc ? Est-il comme ces preux de la Table-Ronde qui se jetaient corps perdu dans une bataille et disparaissaient après l'avoir gagnée ? Je vois bien, dans la fumée des ateliers, au milieu de la poussière des fabriques, des hommes, des femmes, des enfants courbés sous un travail qu'ils ne quittent que pour manger et dormir, travail mortel qui use, comme une pierre à aiguiser, l'organisation la plus dure, qui tue une moitié du corps pour faire vivre l'autre. Or, si ces gens-là avaient fait une révolution, est-ce qu'ils seraient si misérables ? Pour prix de leur sang, ils auraient au moins exigé du pain : le droit de manger est celui de tous qu'ils comprennent le mieux, car ils ont trente-deux dents aussi bien que le riche, et, celui-là, ils n'auraient pas souffert qu'on le leur prît.

1*

Vous dites qu'une révolution s'est accomplie!...
Mais voyez donc quels sont ceux qui prédomi-
nent; quelles herbes, dans le champ national,
montent par-dessus les épis!... Si je regarde en
haut, je n'aperçois que des lâches, des traîtres,
des transfuges, des voleurs; oui, des voleurs, car
l'argent qu'on reçoit sans l'avoir gagné, ou quand
on l'a mal gagné, on le vole; vieillards tarés dont
l'âme est morte depuis trente ans, qui depuis
trente ans n'ont plus de patrie; vieux chênes qui
n'ont plus que l'écorce, poignée de cendres et de
pourriture enfermée dans un vase de Sèvres!
Quant à la capacité de ces gens-là, elle est faite
de l'expérience de leurs premiers subalternes et
de la faconde de leur secrétaire, habile à dorer
des mensonges : c'est une stérile limaille d'or qui
n'est bonne qu'à sécher des signatures. Or, je vous
le demande, de tels êtres pourraient-ils vivre dans
l'air vif et pur d'une révolution? Voit-on l'im-
monde crapaud pulluler dans l'eau claire?...

Vous prétendez avoir fait une révolution!...
Mais que s'est-il donc passé depuis? Les rois at-
tendaient avec anxiété ce que vous alliez faire ;
déjà le chant terrible de votre *Marseillaise* leur
bourdonnait dans les oreilles, et ils sentaient

comme un abîme remuer sous leur trône. Ils tremblaient que vous ne vous souvinssiez du chemin de leurs capitales; que votre coq, ramassant la foudre éteinte et les ailes tombées de l'aigle, ne vînt enfoncer ses jeunes ergots au cœur de leurs états. Trop peu sûrs de leurs peuples pour vous attaquer, ils ne songeaient encore qu'à se liguer pour se défendre. Si vous vous étiez moins hâtés d'avoir peur, ils auraient envoyé leurs ambassadeurs vous demander non votre amitié, mais la faveur de votre indifférence : entre deux généraux décidés à la retraite, c'est à celui qui reste le plus long-temps dans son camp qu'appartient l'honneur de la victoire. Mais quand il s'agit de s'alarmer, vous ne vous laissez devancer par personne. Vous ne connaissez point le pouvoir des fortes paroles : ces mots souverains que prononçaient la République et l'Empire vous feraient éclater la mâchoire. Vous avez envoyé des notes suppliantes aux principales cours de l'Europe; devant ces souverains mal rassurés encore, vous avez renié votre liberté; vous l'avez déguisée en demoiselle; vous leur avez dit que ce n'était point une liberté de peuple, mais une liberté bourgeoise, un être avorté auquel il ne pousserait jamais de dents pour déchirer la poudre, qu'on laisserait s'étioler à l'ombre d'un comptoir, et qui n'était destiné qu'à faire des cornets ; que la charte conquise ne serait qu'une édition mal revue de la charte octroyée ; que si vous vous étiez mis à la tête de la révolution, c'était pour en réprimer le mouvement, et non pour l'accélérer ; qu'on vous laissât faire, qu'aussitôt que vous seriez maîtres dans votre ciel, vous épancheriez de froides et continuelles pluies sur cet ardent été qui venait de s'allumer parmi nous ; que vous l'envelopperiez de brumes épaisses et que vous en auriez bientôt fait une fin d'automne. En 93, la France, c'était le soleil : tant pis pour ceux qui ne voulaient pas la voir ! et maintenant, planète éteinte, elle obtient à peine la faveur d'être vue et notée sur les tables astronomiques de l'Europe. On vous a fait grâce ; mais, depuis qu'on ne vous hait plus, on vous méprise, et vous êtes sous la surveillance de la haute police de l'Europe. Si vous aviez fait une révolution, ne préféreriez-vous pas une mort glorieuse à une telle vie ?

Et que s'est-il donc passé encore ?... L'Angleterre est notre éternelle ennemie : c'est une phrase qui est au cœur et dans la bouche de tous les

Français ; et, d'ailleurs, elle est l'ennemie de tous les peuples. La France et elle, c'est un lion et un tigre dont les retraites se touchent. Elle n'oubliera jamais que, pendant vingt ans, nous l'avons effacée par notre gloire; et nous, nous n'oublierons jamais Waterloo, cette fatale et suprême rupture de Napoléon et de la fortune; Waterloo, cette victoire de hasard que Wellington a trouvée: la colonne qu'ils ont mise là sur le cercueil de l'Empire nous pèse aussi sur la poitrine. Cependant, vous avez sollicité l'alliance de l'Angleterre... que dis-je, sollicité? vous l'avez achetée. Ce que vous avez donné en échange, nous le savons; ce que vous avez promis, nous ne pouvons que le soupçonner; mais, au fond de ces négociations, il y a dû avoir de la honte pour la France, puisque Talleyrand en était chargé! Vous dites que les haines nationales ne peuvent être éternelles, soit; mais votre amitié ne vaut-elle pas bien celle de l'Angleterre? Pourquoi donc est-ce vous qui lui tendez les premiers la main? L'Angleterre, ce monstre difforme qui a les membres plus gros que le corps, est-elle si puissante que vous lui abandonniez le premier rang? Paris ne pouvait-il être, comme Londres, la capitale des protocoles? Êtes-vous de ces gens sans importance qu'on fait venir chez soi quand on veut leur parler?... Non, si vous aviez fait une révolution, vous aimeriez mieux avoir l'Angleterre pour ennemie que de l'avoir pour protectrice !

Et que s'est-il passé encore? Une étincelle de vos Trois Journées était tombée sur la Belgique. Elle se débarrassa de la domination de la Hollande. Mais se sentant trop faible pour être un peuple, elle voulut effacer cette ligne de démarcation tracée dans la poussière, qui la séparait de la France, et elle vous offrit sa liberté. C'étaient cinq à six millions de Français faits prisonniers par la Sainte-Alliance qui venaient, comme le bras d'un fleuve se réunit au lit natal après en avoir été quelque temps séparé, se réunir à la mère-patrie. Vous alliez lui tendre les bras ; mais l'Angleterre a secoué la tête, et vous les avez bien vite fermés ! Il y a plus : il entrait dans les projets des souverains que la Belgique fût un peuple nul ; vous y avez prêté les mains Vous avez laissé couper les bras et les jambes à votre allié, de peur qu'au jour d'une guerre européenne il n'accourût dans vos rangs, tant vous aviez peur qu'on vous prît pour des révolutionnaires ! Pour comble de précaution, les mêmes souverains ont voulu qu'une haine nationale surgît contre vous en Belgique; cette haine, vous vous êtes chargés vous-mêmes de la faire naître. Vous avez consenti à ne laisser déployer sous les murs d'Anvers que le seul drapeau français, vous avez exclu de l'expédition l'armée belge qui en réclamait à grands cris sa part. Ainsi le voulaient les protocoles. La Belgique ne vous a point pardonné cet affront, et vous êtes revenus du siége d'Anvers chargés de ses malédictions! Si, du moins, vous eussiez renversé, en passant, le lion de Waterloo qui pèse d'un poids si lourd sur la poitrine de nos braves, la France ne regretterait pas le peu de sang qu'elle a versé dans cette expédition! Allez! un peuple qui a fait une révolution ne se laisse pas lier les mains avec les bandes d'un protocole!

Et que s'est-il encore passé? La Pologne avait vu du fond de ses brumes un éclair briller à votre horizon. Elle crut que la chaude saison était revenue pour vous. Elle était déjà notre sœur de gloire et de combats, elle voulut être aussi notre sœur de liberté. Elle avait couché avec la France aux mêmes bivouacs, elle avait été avec nos pères sur les grands champs de bataille de l'Empire, elle n'avait point profité de nos victoires, et elle avait souffert de nos désastres. Elle crut que vous ne renieriez pas la dette de sang contractée envers elle ; qu'à son premier cri d'alarmes, vous voleriez à son secours à travers tous les obstacles. Elle alla bravement enfoncer la lance dans les flancs du boa russe, et le força de rouler ses anneaux jusque sur ses domaines. Mais, débris mutilé d'un petit royaume, elle était trop faible pour lutter contre un empire ; elle ne pouvait que se débattre sous l'étreinte du colosse et déchirer les bras fermés sur elle qui l'étouffaient. Au milieu de ses combats désespérés, elle tournait de temps en temps la tête de votre côté, et s'écriait : « A moi, ma sœur, on m'assassine ! » Mais vous, pendant qu'elle mourait abandonnée, vous criiez : « Vive la Pologne ! vivent les braves Polonais ! » Une stérile admiration et des acclamations, voilà tout le secours qu'elle a eu de vous, et plus tard, le sang que vous deviez à cette malheureuse nation, vous étiez obligés de l'acquitter par une aumône envers ses enfants orphelins !...

Vous ne pouviez, dites-vous, secourir la Pologne ; la Prusse vous barrait le passage. Mais qu'est-ce que la Prusse pour la France qui mar-

che en armes? Une poutre, un sillon, une ornière!
J'aurais roulé mes canons jusqu'à sa frontière, et
j'aurais dit à la Prusse : « Ces hommes qu'on assassine là-bas sont nos frères; laisse-nous aller
à leur secours, ou nous allons te percer de part
en part de nos boulets ! » Et si elle eût dit *non*,
je l'aurais enfoncée comme un vitrage! Entre elle
et une révolution qu'on égorge, une révolution
qui grandit trouve-t-elle des obstacles? Les souverains eussent menacé; ils eussent dit : « Nous
ne pouvons souffrir..... les puissances de l'Europe ne sauraient permettre... nous regarderions
comme une déclaration de guerre, si..... » Il fallait répondre : « Je veux ! » — syllabe de fer qui
vaut, lorsqu'elle est dite à propos, des armées,—
et pousser en avant le wagon terrible de votre
révolution! La Pologne ne serait point morte;
elle serait là, veillant à votre seconde frontière,
prête à percer de sa balle l'ours blanc de la Rus-
sie, s'il voulait sortir de ses frimas. Si les souverains eussent été assez forts pour vous attaquer,
ils l'eussent fait. Ce ne sont pas vos concessions
et vos airs d'obséquiosité qui les eussent désar-
més. Voilà ce qu'il fallait comprendre! Ils savaient
bien que leurs peuples étaient nos secrets alliés,

2

et que, s'ils montaient à cheval pour nous faire
la guerre, leur coursier, appelé par le hennisse-
ment des nôtres, les emporterait dans nos rangs.
Mais vous n'avez de ceux qui font une révolution
ni l'œil, ni le cœur, ni le bras. Vous n'avez pas
su profiter de la position admirable que vous
vous étiez faite. Vous aviez en main la liberté de
l'Europe, et vous avez craint d'ouvrir la main.
La foudre était à côté de vous, et vous avez eu
peur de vous brûler les doigts en la prenant ! Le
bruit de cet immense océan qui roulait ses vagues
devant vous vous a effrayés, et vous avez refusé
de quitter la terre. Non, vous n'avez pas fait de
révolution ! Si vous eussiez fait une révolution,
on n'entendrait point un seul bruit de chaînes à
la surface du monde !

Et que s'est-il passé encore? L'Italie, cette sol-
fatare qui toujours fume, cette cendre encore
chaude de l'ancienne Rome, jetait des flammes.
L'Italie avait secoué le joug de ses trente-six roi-
telets et arraché de sa chair la trompe de ces pu-
ces féroces qui sucent son sang depuis si long-
temps. Elle se croyait à l'abri d'une invasion de
l'Autriche, parce que le principe de non-intervention avait été solennellement posé par la

France, et que, d'ailleurs, la France l'avait en-
couragée et lui avait promis son appui. Mais ce
principe de non-intervention, l'Autriche l'a dé-
chiré comme une toile d'araignée. Ce que vous
n'avez osé faire pour sauver la Pologne, elle l'a
fait, elle qui, cependant, n'est pas accoutumée à
gagner des batailles, pour maintenir l'Italie dans
la servitude. A peine celle-ci a-t-elle eu relevé
son drapeau, qu'elle a envoyé ses lourds batail-
lons le fouler aux pieds, et servir de gendarmes
aux bourreaux qui coupaient la tête des patriotes.
Quoi! vous avez fait une révolution, et vous êtes
une puissance sans *ultimatum!* vous ne pouvez
rien faire, ni rien empêcher en Europe; on prend
toujours le contre-pied de ce que vous demandez.
Et ici quels sont ceux qui vous bravent? Ces mêmes Autrichiens qui ont toujours tourné le dos
devant vos soldats, et dont les canons sont sur
votre place Vendôme, roulés en images de
bronze! C'est ce même monarque que vous avez
forcé deux fois de déménager et qui a été obligé
de nous donner sa fille pour faire des héritiers à
notre empereur. Un principe posé par un peuple,
c'est sa frontière; celui qui le viole lui déclare la
guerre. Vous dites que vous avez fait une révo-

lution ! Mais cette insulte devant laquelle vous
restez impassibles, vos pères fussent allés la venger jusqu'à Vienne. Si vous eussiez eu aux tempes
la sueur d'une révolution, vous eussiez été en-
chantés qu'on vous fournît l'occasion de revoir
ces vieux champs de bataille dont vos pères
avaient semé l'Italie, de saluer du bruit de vos
canons leurs grandes ombres , de cueillir quelques branches à leur laurier en fleurs pour vous
faire une couronne, de faire boire encore un peu
de sang autrichien à cette terre d'Italie qui le
trouve si bon et qui en a perdu le goût. Mais vous
n'avez plus l'haleine assez longue pour franchir
les Alpes. Tout ce que vous avez osé faire, ce fut
d'envoyer quelque infanterie à Ancône ; et, encore, dans quel but cette expédition a-t-elle été
entreprise ?... En entrant en Italie, les Autrichiens
savaient, du moins, ce qu'ils venaient y faire, et
ce qu'ils y venaient faire, ils l'ont fait ; mais vous,
savez-vous, même aujourd'hui, ce que vous êtes
allés faire à Ancône ? Tandis que vos soldats
jouaient à la *drogue* derrière leurs murailles, les
Autrichiens achevaient d'asservir l'Italie, et on
eût dit que vous n'étiez venus là que pour voir
s'ils s'acquittaient bien de leur besogne ; et, en-

core, si notre drapeau flâneur s'est montré sur les murs d'Ancône, c'est que nos soldats ont été trop tôt vainqueurs, qu'ils n'ont pu recevoir à temps l'ordre de leur retraite. Comme cet acte d'énergie a dû vous rehausser aux yeux de l'Europe ! La belle expédition que la prise d'Ancône !... S'il n'y a pas encore, au musée de Versailles, un tableau représentant le siége d'Ancône, il faut vous dépêcher d'en commander un. Prise d'Anvers, prise d'Ancône : le magnifique total que cela présente !.... Vous dites : « Cet homme est mon parent, et je défends à qui que ce soit d'y toucher. — Et moi, répond un chenapan, il est mon ennemi, et je vais le battre jusqu'à ce que mort s'en suive ! » Alors, vous prenez une attitude menaçante, et vous répondez : « Bats-le tant que tu voudras ; mais je me mettrai à ma fenêtre, et je te regarderai faire. » Pour un peuple qui a fait une révolution, quel courage, quelle force de volonté, et qu'on est heureux d'avoir un pareil allié !..... Et n'est-ce pas à cette occasion qu'un des vôtres, un brave avocat qui ne peut souffrir ceux qui ont le sabre au côté, parce qu'il porte, lui, la plume derrière l'oreille, a dit : « Le sang de la France n'appartient qu'à la France » ? Or, si vous

2*

eussiez fait une révolution, eût-il osé vous tenir
ce langage ? Oui, le sang de la France gouvernée
par des avocats, abrutie par l'égoïsme, n'appartient qu'à la France ; mais le sang de la France,
quand elle a fait une révolution, appartient à tout
opprimé qui réclame son secours : tous les tyrans
sont ses ennemis, et tous les peuples qui s'affran-
chissent sont ses frères.

Que s'est-il passé encore ? Méhémet-Ali était
notre ami ; c'était, du reste, notre dernier allié.
Sous son gouvernement, l'Égypte commençait à
devenir une puissance. Nos officiers lui discipli-
naient une armée, et notre pavillon, joint au sien,
eût été aussi large que celui de l'Angleterre.
Maintenant il n'a plus d'armée, il n'a plus de
flotte ; de souverain qu'il s'était fait, le voilà re-
devenu vassal. La vieille Égypte est enfouie à
tout jamais sous le limon du Nil ! Et pourquoi
Méhémet-Ali est-il tombé dans la disgrâce des
souverains protocoliseurs de l'Europe ? Parce
qu'il était votre ami et votre allié. Il y a en Amé-
rique un gros arbre de belle apparence qui donne
la mort à ceux qui cherchent un abri sous son
feuillage. Vous êtes de même. Votre protection
est une cause de ruine ; et encore devez-vous vous

trouver bien heureux que le congrès ne vous ait point forcés à prendre vous-même Beyrouth!

L'Angleterre vous fait une guerre bien habile et parfaitement combinée. Elle vous affaiblit en vous déconsidérant. Elle sait bien, la perfide qu'elle est, qu'un acte de lâcheté est plus fatal à un peuple que dix défaites! C'est non-seulement vos alliés présents qu'elle vous ôte, c'est encore les alliés que pourrait vous donner l'avenir. Et, en effet, à quel peuple oserez-vous présenter votre alliance, quand on saura qu'elle se retire aussitôt qu'on a besoin d'appui? Cependant la honte était montée au front de vos ministres; ils s'étaient retirés du congrès européen. Mais vous êtes comme les enfants qui ont peur quand ils sont seuls, vous vous êtes effrayés de votre isolement. Ces hommes qui avaient laissé percer leur mécontentement de ce qu'on humiliait la France, étaient trop fiers pour vous. Vous avez pris un traître de notoriété publique et une poignée de ces hommes sans fibre nationale, pour lesquels tous les portefeuilles sont bons, et vous les avez envoyés redemander aux rois la grâce de vous rasseoir à leur table verte et de signer après eux leurs protocoles! Or, je vous le demande, un peuple sorti

d'une révolution eût-il voulu descendre à une
telle humiliation? Agir ainsi, n'est-ce pas faire
comme un valet qui, après avoir brusquement
quitté son maître, revient le lendemain lui demander la faveur de reprendre sa place? Ici c'est
la même chose qu'en Italie : vous vous fâchez, on
fait toujours, et vous laissez faire. Cette colère est-
elle donc celle du vaillant et du fort? Pour un
peuple fort, ses alliés c'est lui-même, et malheur
à qui les touche ! ou il tombe avec eux, ou il les
venge. Il sait que ce n'est qu'à ce prix qu'on a
des alliés fidèles. Pour venger la ruine de Sa-
gonte, Rome s'est mise à deux doigts de sa perte ;
mais aussi Rome est devenue la maîtresse de l'u-
nivers. Si Méhémet-Ali eût été l'allié de nos pères,
au premier boulet tiré contre Beyrouth, tous nos
canons fussent partis d'eux-mêmes, et le com-
mandant de notre escadre, pour attaquer les Anglais, n'eût pas cru seulement devoir attendre un
ordre de guerre. Céder toujours n'est pas une
maxime à l'usage d'un peuple libre. L'honneur et
la liberté sont sœurs ; là d'où l'honneur s'est re-
tiré, la liberté ne reste pas long-temps.

Que s'est-il donc passé encore? Jusque-là les
Anglais s'étaient donné la peine de cacher leurs

jalousies sous une apparence d'intérêt européen.
Ils ne nous avaient encore attaqués que dans la
personne de nos alliés. Mais votre impassibilité les
a enhardis; ils ont profité de la bonne volonté de
M. Guizot pour élever leurs insultes jusqu'à notre
pavillon lui-même. Sous prétexte d'un droit de
visite équivoque, ils ont exercé sur nos navires
marchands une espèce de piraterie. Ils les ont ar-
rêtés au milieu de leur course; il y ont porté le
désordre et le pillage, et le nom français n'a pu
préserver nos matelots de ces indignes traitements
dont on ne flétrit que les esclaves. Oui, des officiers
anglais ont frappé nos concitoyens ! Ces faits ont
été portés à la tribune ; mais l'insulte est demeu-
rée impunie. M. Guizot semblait même penser
que les Anglais n'avaient pas usé assez complètement de leur droit, et il voulait qu'on étendît
encore le traité qui avait servi de prétexte à ces
avanies. Et vous dites que vous avez fait une révolution ! Mais cette révolution, de quelle nature
est-elle donc? Il y a donc des révolutions qui vieil-
lissent au lieu de rajeunir, et au lieu d'aviver qui
éteignent ! Sous quel gouvernement la France a-t-
elle donc laissé insulter son drapeau? et la vieille
monarchie, elle-même, avait-elle habitué les An-

glais à tant d'audace? Vous avez dit que ce serait
un cas de guerre si on attaquait votre frontière,—
c'est, je crois, M. Dupin qui a osé prononcer cette
belliqueuse parole ; — vous avez dit encore que
le vaisseau décoré de son pavillon était la frontière
qui s'éloignait du rivage. Est-ce donc encore là
une vaine parole? Pour repousser la violence par
la force, attendez-vous donc que les Anglais jettent
leurs bombes dans vos ports? Depuis que M. Dupin a parlé ainsi, vos boulets ne sont-ils plus aussi
pesants qu'auparavant? vos caronades n'ont-elles
plus la même portée, ou est-ce l'Océan qui re-
fuse de plier sous vos vaisseaux? Pourquoi donc
tous ces sacrifices d'intérêts et d'honneur que vous
faites à l'Angleterre, et quand le dernier sera-t-il
accompli? L'Angleterre est-elle donc, ô mon
Dieu, l'arbitre de nos destinées! La France a vécu
trois à quatre cents ans avec l'inimitié acharnée
de l'Angleterre; comment se fait-il donc qu'elle
ne puisse maintenant se passer de son alliance?
La République était seule en Europe ; son isolement ne l'a pas empêchée de triompher de ses
ennemis, et vous, ses fils, vous ne pouvez
faire un pas sans vous tenir au bras de l'Angleterre! Mais vous n'êtes donc que la rouille

d'une épée, que la cendre d'un amas de poudre?...

Et voyez comme l'insulte amène l'insulte! Une reine de sauvages, une femme qui était presque notre sujette, ose, elle aussi, excitée par les Anglais, insulter votre drapeau. Le chef de votre escadre eût cru manquer à ses devoirs s'il eût laissé tant d'insolence impunie. Il n'y avait rien, dans ses instructions, qui lui indiquât la manière dont il devait agir si le cas actuel échéait; M. Guizot avait oublié de mettre dans sa note que, sous son ministère, il était défendu à nos marins de montrer du courage et de la fierté : il céda à un sentiment d'honneur national, et s'empara de cette poignée d'îles. C'était une conquête bien facile, à la vérité ; mais la conduite de notre amiral n'en était pas moins ferme et honorable, parce qu'en mettant à la raison ces magots insolents, c'était les Anglais eux-mêmes qu'il châtiait. Cependant, M. Dupetit-Thouars a été désavoué ; on a justifié ceux qui nous avaient insultés, et on a donné satisfaction aux Anglais, les provocateurs de l'insulte : volontiers il eût fallu, si la reine des Iles-Marquises lui eût intimé l'ordre de quitter ses rivages, que notre amiral ramenât sa flotte en France. Ainsi, voilà les glorieuses actions que

votre révolution a produites ! Il faut que tous les
peuples du monde sachent vos faiblesses ; que
vous les rendiez témoins de vos humiliations. Il
semble que vous ayiez pris à tâche de démentir
tout ce que la renommée leur a dit de nous ; que
vous teniez à les détromper de notre gloire. Fran-
çois Ier, vaincu et prisonnier, s'écriait avec un
noble orgueil : « Tout est perdu, hormis l'honneur ! » Vos ministres s'écrient, à la tribune, avec
plus de fierté encore : « Tout est sauvé, hormis
l'honneur ; » car voilà le résumé de toutes leurs
harangues justificatives. Et vous qui avez fait une
révolution, vous applaudissez à de telles paroles !
vous appelez ceux qui les disent les *sauveurs de
la patrie!...* Oh! non, révolutionnaires transis,
ne nous parlez pas de votre révolution ; dans l'his-
toire d'une révolution, il n'y a point de pareilles
choses !

Voilà ce qui s'est passé à l'extérieur ; mais, à
l'intérieur, que se passe-t-il donc ? Sans doute
votre révolution a épuré vos mœurs ; elle a cau-
térisé cet ulcère de corruption qui rongeait le
corps politique et allait toujours s'élargissant ?
Les comptoirs électoraux sont renversés ? on ne
trafique plus du suffrage des arrondissements

avec les routes, les canaux, les chemins de fer
de la Nation? vos rubans rouges, dont vous aviez
fait la monnaie de billon de cet infâme commerce,
sont redevenus le signe de l'honneur? quand un
homme influent a un trou à sa réputation, ils ne
servent plus à y mettre une pièce? — Or, est-ce
bien là l'effet qu'a produit votre révolution sur la
morale publique?

Et que se passe-t-il encore à l'intérieur? Sans
doute le candidat à la députation ne veut pas
d'autre recommandation que son patriotisme et
sa vertu? il est, au milieu des électeurs, sans pro-
messes et sans poignées de main, immobile et
muet, comme est une statue à vendre au milieu
d'un groupe [d'amateurs? Sa vie passée, voilà
toute sa profession de foi? Une fois qu'il est à la
chambre, il ne sait plus quel arrondissement l'y
a envoyé? Il est libre de toute ambition locale et
personnelle; il est inconnu dans les bureaux du
ministère, et ses commettants ignorent son
adresse? Il ne songe, lui qui est magistrat et père
de famille, ni à s'élever, ni à faire entrer au par-
quet son fils, jeune avocat sans causes, mais
plein d'espérances? Il se regarde comme un vé-
gétal qui a atteint toute sa croissance, et ne de-

3

mande au soleil que de le revêtir tous les ans de
ses feuilles accoutumées ?— Or, est-ce bien là les
députés que votre révolution vous a faits?

Que se passe-t-il encore à l'intérieur? De leur
côté, sans doute, vos ministres ne veulent exer-
cer autour d'eux aucune influence illégitime? Ils
savent que les emplois ne leur appartiennent
point? qu'ils ne peuvent en disposer comme de
leur chose? que, dans le choix des fonctionnaires publics, ils ne sont pas aussi libres que l'est
un maître dans le choix de ses valets? Ils n'en
font ni le patrimoine de leurs parents, ni la
solde de leurs créatures? Ils se feraient scru-
pule de gouverner avec des boules pipées?
leurs subalternes restent complètement maîtres
de leur vote : ils ne savent ce que c'est que
de confisquer à quelqu'un sa conscience? Si un
fonctionnaire venait dire à M. Guizot : «Faut-
il voter pour vous, ou pour l'opposition»? cet
austère ministre répondrait : «Pour moi, si j'ai
raison; pour l'opposition, si j'ai tort»? Leur vertu
est inflexible avec tout le monde : que le choc
vienne d'en haut, qu'il vienne d'en bas, ils résis-
tent? Ils ne reconnaissent d'autre maître que la
Nation? Ils veulent bien que le roi les préside,

mais ils ne veulent point qu'il leur impose sa volonté; ils le laissent régner, et ils gouvernent? Ils ne font rien pour conserver leur portefeuille; arrivés au pouvoir avec la majorité, comme un bois inerte que le flux pousse, quand le reflux vient, ils ne cherchent point à se retenir au rivage? — Or, est-ce là les ministres que votre révolution a amenés au pouvoir? Répondez!...

Que se passe-t-il encore à l'intérieur? Sans doute la représentation nationale est maintenant une vérité? La Chambre n'est plus encombrée de fonctionnaires salariés, majorité inerte, indifférente, que prend celui qui vient des mains de celui qui s'en va, comme, en prenant une ferme, on prend les troupeaux qui en dépendent? Elle est indépendante comme le sénat d'une vieille république; elle est l'âme et le cerveau de la France; toutes les sympathies et les antipathies de la Nation ont un écho dans son urne? Un ministre qui oserait porter atteinte à l'honneur du pays en répondrait sur sa tête, et si quelqu'un de ces chercheurs de portefeuilles s'avisait de déclarer à la tribune qu'il est allé au-devant de nos ennemis autrement que pour les combattre, il serait chassé de la Chambre par une huée? — Or, votre assemblée législative, est-ce ainsi, depuis votre révolution de juillet, qu'elle est faite? Quant à l'autre Chambre, j'en conviens, il n'est point de révolution qui puisse la rajeunir.

Que se passe-t-il encore à l'intérieur? Sans doute cette promesse d'un gouvernement à bon marché qu'on vous faisait n'était pas un leurre? Votre royauté citoyenne ne vous coûte pas plus cher qu'une présidence de république; peut-être même ce roi bourgeois qui trouvait un parapluie assez bon pour abriter son diadème, se contente-t-il de ses immenses revenus personnels? Qu'avez-vous besoin, d'ailleurs, d'une royauté si bien galonnée? Votre France est-elle plus grande que du temps de Charlemagne, qui faisait vendre au marché les légumes de ses jardins? est-elle plus glorieuse que sous le gouvernement du premier consul Bonaparte, auquel suffisaient, pour vous représenter, les appointements de trois ministres? Sans doute encore les fils du roi, promus aux premiers grades de l'armée aussitôt qu'ils ont la force de porter de grosses épaulettes, trouvent la ration de général dont Hoche, Kléber, Jourdan, Marceau et tant d'autres grands capitaines ont vécu, assez grosse pour les faire vivre? Ils ne nous

demandent point, pour se rehausser, des esca-
drons de laquais et des files de carrosses ? Ils trouvent que de trop grosses poches ne vont point à
un habit militaire? Ils ont, du reste, leurs revenus
particuliers et la dot de leur femme; si cela ne
suffisait point pour leur faire mener le train d'un
prince, c'est à la tendresse de leur père et non à
la munificence du peuple qu'ils s'adresseraient?
et, en effet, est-ce notre faute, à nous, s'ils sont
altesses ? — Or, en est-il ainsi, je vous prie?

Que se passe-t-il encore à l'intérieur? Après
une révolution, le fer et l'acier sont plus précieux
que l'or. Sans doute, donc, ce n'est plus l'or qui
fait vos capacités ? dans votre âge de sincérité, la
richesse ne peut plus être ni un talent, ni une
vertu : le titre de Français, voilà la seule capacité électorale que vous reconnaissiez ; et, en
effet, parce qu'un maçon se retrousse les bras
tous les matins, cela empêche-t-il qu'il n'ait de la
capacité? Et pourquoi, si l'arrondissement lui
payait sa journée , ne le représenterait-t-il pas
aussi bien qu'un avocat qui a la langue enflée?—
Or, je vous le demande, depuis quatorze ans que
règne votre révolution, a-t-on vu beaucoup de
maçons à la Chambre?

3*

A l'intérieur, que voit-on encore? La presse a
sans doute sa part de la liberté qu'elle a faite aux
autres? Une révolution, parce que tout est tran-
quille, n'encloue pas son canon d'alarmes : quand
le champ est ensemencé, elle ne brise pas le se-
moir qui y a épanché le bon grain ; elle ne jette
point la faucille qui a coupé les abus, parce qu'elle
sait que c'est une mauvaise herbe qui repousse
vite. La presse est l'amie des peuples : ce qui le
prouve, c'est que les rois la persécutent. Or, si
vous êtes le peuple, pourquoi la traiteriez-vous en
ennemie? Pour craindre la vérité, il faut profiter
du mensonge ; vous donc qui ne profitez pas du
mensonge, quand la presse dit vrai, quel mal peut-
elle vous faire? Si, au contraire, elle ment, si elle
cherche à répandre des doctrines pernicieuses, la
raison publique, ce juge qui ne se laisse ni égarer
ni corrompre, n'est-elle point là pour en faire
justice? Je suppose qu'un fou étalât des poisons
dans les rues, trouverait-il le débit de sa mar-
chandise? Ainsi donc, la presse jouit des délices
de la paix ; elle est libre de faire au peuple son
éducation de roi ; un mot lâché étourdiment, balle
partie avant que l'œil ait été mis au canon, n'est
plus un crime qu'il faut absolument juger en cour

d'assises? On ne voit plus de journaux dont le cautionnement soit emporté par une seule amende ; plus d'écrivains passer les mains dans une chaîne, tandis que l'assassin protégé va en carrosse à la prison qui lui est destinée ? Les procès de tendance sont morts, la complicité morale n'est plus, et la condamnation de Dupoty est d'une autre époque ? — Or, parlez ! est-ce bien là l'âge d'or que votre révolution a fait à la presse ?..

Qu'y a-t-il encore à l'intérieur ? La garde nationale, qu'en avez-vous fait ? Comment avez-vous réorganisé votre armée ? Permettez-vous à vos soldats de se souvenir qu'ils ont un père, une mère, des frères ; qu'ils sont sortis du peuple, et qu'ils doivent rentrer parmi le peuple ? L'armée, est-ce la garde nationale mobilisée, la pointe de l'épée que porte la France, ou n'est-ce qu'une garde farouche qui se précipite aveuglément sur ceux que vous lui désignez, une lame de sabre ivre qui frappe n'importe où ? Voit-on encore les soldats et le peuple en venir aux mains dans nos rues, guerre impie où, quelque parti qui triomphe, c'est toujours la France qui est vaincue, elle qui saigne par toutes les blessures que reçoivent les combattants ? Voit-on encore des citoyens frappés au seuil de leurs maisons, et des femmes qui tombent en couvrant de leur corps un époux ou un fils ? Quand la faim, allongeant ses crocs, et la cupidité sont en présence, est-ce toujours pour la cupidité que vous prenez parti ? Roulez-vous toujours aux pieds de vos chevaux ceux qui demandent du pain ? les percez-vous toujours de vos baïonnettes ? Et ceux qui ont échappé à vos soldats, les livrez-vous toujours à vos juges ? — Dites-nous *non*, et je croirai que c'est bien une révolution que vous avez faite.

A l'intérieur, qu'y a-t-il encore ? Sans doute on ne court plus risque de mourir de faim en France ? La France nourrit tous ses habitants comme un bois nourrit tous ses oiseaux et toutes ses bêtes fauves ? Vous avez sans doute établi de grands ateliers où tous ceux qui veulent se servir de leurs bras trouvent du travail, moyennant un salaire raisonnable ? Au lieu de livrer les travaux publics à des spéculateurs avides qui font leur bénéfice des rognures enlevées au salaire de l'ouvrier, c'est vous-mêmes qui vous chargez de leur exécution ? Ce sont des ouvriers choisis par vous et bien payés qui font vos routes, vos ponts, vos canaux ? Vous avez des forges, des manufactures de drap et

de toile, des tanneries ; c'est vous qui confection-
nez vos armes, les habits de vos soldats , le har-
nachement de votre cavalerie? vous défrichez des
landes, vous assainissez des marais, vous reboisez
des montagnes, vous arrosez des plateaux arides,
vous exploitez des mines ? Au lieu de perdre l'argent du budget à engraisser des sinécures, à faire
vivre dans une fastueuse abondance des fonctionnaires qui ne servent pas trois fois l'année, vous
l'employez à nourrir la nation qui travaille ? Il n'y
a plus, en France, une multitude d'ouvriers dont
les uns manquent complètement d'occupation,
dont les autres tirent à peine, du travail de leur
journée, le morceau de pain qui empêche leur famille de mourir? L'hiver, on n'en voit plus qui
soient obligés de vendre leurs hardes pour vivre?
on n'en voit plus balayés, comme une ordure, de
leur galetas parce qu'ils ne peuvent en payer le
loyer; plus enfin au devant desquels la charité
publique soit obligée de venir? Si cela est, oui,
vous avez fait une révolution ! si cela n'est pas,
au moins faites donc une loi qui permette à ceux
qui ont trop d'enfants de les exposer, comme en
Chine, au courant des fleuves ou à la lisière des
forêts. Nous n'avons, il est vrai, ni crocodiles, ni

tigres ; mais il se trouvera bien çà et là quelque loup qui aura pitié d'eux et les dévorera.

Qu'avez-vous fait encore à l'intérieur ? Cette révolution que vous célébrez, vous avez sans doute noblement récompensé ceux qui l'ont faite ? Les haillons sont des insignes, et ils ont la première place dans vos fêtes ? Vos salons étincèlent de croix de Juillet dont l'éclat efface celui des décorations neuves ? Il n'est point vrai que Talleyrand, cet homme de trahison et de fourberies, dont les perfidies pourraient faire dix traîtres, soit revenu à la surface de votre Cour ? La renommée de l'austère Dupont de l'Eure vous couvre encore de ses rayons ? Lafayette, ce vertueux mais fatal vieillard, qui n'a jamais su faire tourner sa popularité qu'au détriment de la France, est mort dans les bras du gouvernement, et il y avait des altesses aux quatre coins de son cercueil ? Laffitte, l'architecte de votre trône, et sous lequel tous les autres n'ont travaillé que comme des maçons, est descendu dans sa tombe entouré de votre reconnaissance et de vos regrets ? Aux soldats obscurs qui ont versé leur sang dans votre querelle, vous avez sans doute fait une honorable existence ? Ces femmes en haillons de deuil qui viennent

s'agenouiller autour de cette longue colonne de
fer, ce ne sont point les mères et les épouses des
martyrs de vos trois journées qui prient afin
qu'on se souvienne là-haut de leurs misères? Mais
les plus braves de ceux qui ont fait votre révolution, où sont-ils que nous ne les voyons pas à
cette fête? Ne viennent-ils point d'eux ces cris de
malédiction qui percent les dalles de vos prisons?
Ce brillant soleil, témoin de leur triomphe, jette-
t-il seulement, pour saluer leur gloire, un rayon
à travers leurs barreaux? Mais non! quand on cé-
lèbre une révolution, on n'en traite point ainsi les
auteurs! Il est impossible, tandis que vous pour-
suivez votre orgie dans la salle à manger de ce
brillant édifice, que ceux qui l'ont élevé soient
enfermés dans les caves! Si vous les aviez crus de
trop à la surface de la France, vous n'eussiez pas
osé les enfermer dans leur cercueil avant qu'ils
fussent morts! Vous eussiez eu le courage de voir
couler leur sang, et vous leur eussiez publique-
ment fait couper la tête! Entre tuer et faire
mourir, vous savez bien qu'il n'y a que la diffé-
rence d'un petit espace de temps; que faire boire
de la ciguë à un condamné, ou lui faire respirer
l'air empoisonné d'un cul-de-basse-fosse, c'est

toujours à peu près la même chose. On ne van-
terait point votre générosité, si vous n'aviez su
que commuer la mort en agonie !

Quoi qu'il en soit, montrez-moi parmi vos fonctionnaires un seul véritable combattant de juillet,
et votre révolution ne sera point pour moi une
chose invraisemblable. Mais non, quand vous
nous dites que vous avez fait une révolution, vous
vous vantez ! vous n'avez fait que changer la cou-
leur de vos tentures, que hisser un oiseau de
basse-cour à la place d'une fleur dont l'odeur
était épuisée ! Vous croyez que vous avez édifié,
et vous n'avez que badigeonné des décombres !
Non ! encore une fois non ! Faites-nous faire, si
vous le voulez, trois sommations par le commis-
saire de police, mais nous ne nous réjouirons pas !..

C. TILLIER.

Paris.—Imprimerie de E.-B. DELANCHY, faub. Montmartre, 11.

Paris. — Imp. de E.-B. Delanchy, faub. Montmartre, 11.

www.ingramcontent.com/pod-product-compliance
Lightning Source LLC
Chambersburg PA
CBHW060753280326
41934CB00010B/2467